Besser Leben

Band 2

Der große Astrologie-Ratgeber

KD Witzel

Der große Astrologie-Ratgeber: Die 6 wesentlichen Erkenntnisse der Astrologie – So deuten Sie Ihre Zukunft aus den Sternen

INHALTSVERZEICHNIS

Was ist Astrologie?   1

1   **Der Ort als geografische Position –**   4
     Aszendent und Medium Coeli

     Die geografische Länge   5

     Die geografische Breite   6

2   **Der Tierkreis (Zodiak)**   7

     Der Tierkreis aus astronomischer Sicht   8

     Astrologische Grundlagen der Tierkreiszeichen   11

     Resümee: 14

3   **Planeten, Gestirne und Fixsterne**   14

     Planeten aus der Sicht der Astronomie   15

     Planeten aus der Sicht der Astrologie   15

     Die Länge der Planeten   16

     Sonne, Mond – die ‚Lichter'   16

     Die inneren oder unteren Planeten   18

     Die äußeren oder oberen Planeten   19

     Die transsaturnischen oder unpersönlichen   20
     Planeten

     Die Fixsterne   22

4. **Häuser und Aspekte – der Ort und die Planeten in Relation zum Tierkreis** 22

Die Häuser 22

Äquales Häusersystem 24

Inäquale Systeme 24

Die Aspekte 24

Resümee 26

5 **Die Zeit** 26

Der Kalender 26

Die Sonnenzeit 26

Normalzeit oder gesetzliche Ortszeit 28

Die Sternzeit 29

Resümee 29

6 **Das Horoskop** 30

Das Erstellen eines Horoskops 31

Aufbau des Horoskops 32

So finden Sie Aszendenten und Medium Coeli 32

So finden Sie die Häuser 34

Die Positionen der Planeten 34

Die Deutung eines Horoskops 36

Tierkreis und Planeten 37

Schlüsselwörter zu den Tierkreiszeichen   38

Häuser und Aspekte   39

7   **Anhang**   41

8   **Titelverzeichnis**   47

Was ist Astrologie?

Mächtige Bauwerke wurden nach ihren Lehren errichtet, mächtige Herrscher sind ihren Ratschlägen gefolgt und tüchtige Geschäftsmänner haben sich an ihr eine goldene Nase verdient. Die Rede ist von der Astrologie. Verwundert es da, dass manche in ihr eine ominöse, geheimnisvolle Lehre sehen?

Wer sich aber intensiver mit den Lehren und Erkenntnissen der Astrologie auseinandersetzt, der wird erkennen, dass nur Weniges an ihr undurchsichtig und undurchschaubar ist. Dieser Ratgeber – so viel darf verraten werden – wird versuchen den Schleier des Geheimnisvollen, der die Astrologie seit ihren Anfängen umgibt, ein wenig zu lüften. Aber keine Angst! – auch für den kundigen Astrologen liegen in den Sternen noch unzählige Rätsel verborgen.

Bevor aber in einige der Geheimnisse der Astrologie eingeführt werden kann, muss geklärt werden, was unter Astrologie zu verstehen ist. Kein einfaches Unterfangen, bedenkt man die lange Tradition, die die Astrologie in den verschiedensten Kulturen dieser Erde hervorgebracht hat, an die jahrtausend alte Tradition der chinesischen und indischen Astrologie, an die geheimnisvolle Astrologie der Maya, der Azteken und der Inka und schließlich an die vielfältige Tradition der abendländischen Sternenkunde. Jede dieser Traditionen hat im Laufe der Geschichte ihre Besonderheiten und Schwerpunkte gebildet, dieser Ratgeber muss sich daher auf eine von ihnen beschränken. Im Mittelpunkt des Ratgebers wird die abendländische Astrologie stehen, die anderen Traditionen können nur hin und wieder angedeutet werden.

Fasst man die abendländische Astrologie ins Auge, kann die Astrologie ganz allgemein als eine Lehre verstanden werden, die sich mit ‚mit den Beziehungen zwischen den Himmelskörpern und den Lebewesen auf der Erde' beschäftigt. Das Wort selbst setzt sich aus den beiden griechischen Wörtern ‚astron' = Stern und ‚logos' = Lehre zusammen, die Astrologie ist also die ‚Lehre von den Sternen'.

In der Gegenwart teilt man die Astrologie gemeinhin in zwei Bereiche ein, in die Mundan- und in die Individualastrologie. Die Individualastrologie kann wiederum unterteilt werden in die Geburtsastrologie, in die prognostische und in die vergleichende Astrologie. Die Geburtsastrologie erstellt Geburtshoroskope, in der prognostischen Astrologie werden vor allem Solar- und Lunarhoroskope erstellt. Die ergleichende Astrologie schließlich tritt meist in der Form von Partnerschaftshoroskopen auf.

So deutlich und übersichtlich diese Einteilung erscheinen mag, sucht man nach den Anfängen der Astrologie, tappt man – ganz ihrer geheimnisvollen Aura verpflichtet – weitgehend im Dunklen. Bauwerke wie das bronzezeitliche Stonehenge und die neolithische Kreisgrabenanlage von Meisternthal, Artefakte wie die erst vor wenigen Jahren entdeckte Sonnenscheibe von Nebra, sie verraten uns, dass der Mensch schon in der Vor- und Frühgeschichte dem Lauf der Gestirne gefolgt ist. Und bei der Pracht dieser Bau- und Kunstwerke darf vermutet werden, dass diese Menschen von den Sternen fasziniert waren.

Die Geheimnisse und die wahren Absichten dieser großen Kunstwerke mögen uns auf ewig verborgen bleiben, die astrologischen Anfänge in historischer Zeit lassen sich hingegen in einem Kulturkreis festmachen. Sie liegen in den Ländern zwischen Euphrat und Tigris, sie liegen in Mesopotamien. Bereits die Sumerer haben im dritten Jahrtausend vor unserer Zeitrechnung die ersten Aufzeichnungen über Himmelsbeobachtungen in ihrer Keilschrift festgehalten, im 2. Jahrtausend v. Chr. gelangten dann die Sternenschauer im babylonischen Großreich zu einer ersten Meisterschaft. Die alten Babylonier identifizierten ihre Götter mit den Planeten, die mit freiem Auge erkennbar waren. Der Gott Schamasch wurde mit der Sonne gleichgesetzt, er galt als Herrscher über das Leben und als Widersacher des Todes, als ein Sinnbild der Gerechtigkeit. In der Venus erkannten sie die Göttin Ischtar, die Göttin der Liebe.

Dem Lauf der Götter, der Gestirne zu folgen, das war die Aufgabe der Priester, die in ihm den Willen der Götter erkennen sollten. Doch trotz höchster Kunstfertigkeit blieb der Wille der Götter meist verborgen, weshalb den Göttern in regelmäßigen Abständen Opfer dargebracht wurden. Die Zyklen dieser Opferfeste orientierten sich an der

Wiederkehr der göttlichen Gestirne, aus den Beobachtungen und Aufzeichnungen dieser Wiederkehr sind bald die ersten Festkalender entstanden. Und aus diesen Festkalendern gingen schließlich die profanen Kalender her. Bereits unter König Hammurapi (1728-1686 v. Chr.) kannten die Babylonier die Einteilung des Jahres in 12 Monate zu 30 Tagen. Da die Priester ihr Wissen zwar verfeinerten aber geheim hielten, war der Astrologie schon in ihren Anfängen etwas Geheimnisvolles, Esoterisches eigen.

Aus der Schilderung der Anfänge wird aber auch deutlich, dass sich die Astrologie der Frühzeit von der heutigen Astrologie unterscheidet. In den alten Kulturen galt es nicht das Schicksal eines Einzelnen, es galt das Wohl der Allgemeinheit aus den Sternen zu lesen. Bis in die Renaissance ist diese Form der Astrologie, die auch Mundanastrologie (von lat. mundus = Welt) genannt wird, der wichtigste Bereich der Astrologie geblieben. Mit der Entdeckung des Individuums im Humanismus hat aber der bis heute andauernde Aufschwung der Individualastrologie begonnen. In der Renaissance erlebte die Astrologie eine neue Hochblüte, sie war selbst an den Königshöfen höchst angesehen. Mit dem Aufkommen der exakten, empiristischen Wissenschaften schloss sich diese offene Blüte bald wieder. In dem Maße, in dem sich in der Neuzeit die naturwissenschaftlichen Entdeckungen häuften und bekräftigten (Denken Sie nur an die Entdeckungen von Kopernikus, von Galilei und Kepler), in dem Maße verlor auch die Astrologie an allgemeiner Anerkennung – bis es schließlich zur Trennung von Astrologie und Astronomie kam. Damit wurde die Astrologie wieder ins Reich des Ominösen und Obskuren abgedrängt, in eine unbestimmte Welt zwischen Metaphysik und Physik, Aberglaube und Wissenschaft.

In diesen Zwischenwelten tummelte und tummeln sich selbstredend auch zwielichtige Gestalten und Scharlatane. Doch in unseren Tagen liegen die Geheimnisse und Kenntnisse der Astrologie nicht mehr im

Verborgenen, sie können von jedermann und jeder Frau erworben werden.

Dieser Ratgeber soll Ihnen einige der grundlegenden Erkenntnisse der Astrologie an die Hand geben, damit Sie schließlich Ihr eigenes Horoskop erstellen können. Denn das Horoskop ist ohne Zweifel das wichtigste Werkzeug der Astrologie. Unter den Horoskopen aber ist wiederum das Geburtshoroskop das häufigste, deshalb wird diesem im Rahmen des Ratgebers die größte Aufmerksamkeit geschenkt. Ehe Sie sich aber an die Erstellung eines Horoskops wagen können, sollten Ihnen die wichtigsten Elemente eines Horoskops und ihre astrologischen wie astronomischen Hintergründe bekannt sein. Sie sind das Handwerkszeug jedes Astrologen, ob nun Meister oder Adept.

1. Der Ort als geografische Position – Aszendent und Medium Coeli

Dass ein astrologischer Ratgeber mit der Erläuterung eines geografischen Grundbegriffs beginnt, mag verwundern. Wer aber ein Horoskop erstellen und deuten will, wer Astrologie betreiben will, der kommt um die Kenntnis einiger Grundbegriffe der Geographie, Physik und Astronomie nicht umhin. Wie einen Text nur jene lesen können, die des Alphabets mächtig sind, so kann aus den Sternen nur der etwas herauslesen, dem diese Begriffe geläufig sind.

Der Ort, seine geografische Position, ist einer der wichtigsten Parameter eines Horoskops. Durch die geografische Position bestimmt sich die Lage des Aszendenten und die Lage des Medium Coeli, zweier wichtiger Punkte im Tierkreis. Dies gilt in verstärktem Maße für das Geburtshoroskop, in dem der Ort, an dem das Individuum das Licht der Welt erblickt hat, besonders wichtig ist. Die geografische Position eines Ortes wird durch zwei Größen definiert: die geografische Länge und die geografische Breite.

Die geografische Länge

Die geografische Länge ist ein Maß, das sich auf den Nullmeridian bezieht. Der Nullmeridian ist ein gedachter Großkreis, der durch beide Pole und durch die Stadt Greenwich bei London läuft. Von diesem Nullmeridian aus kann jeder Ort dieser Erde in östlicher oder westlicher Länge bestimmt werden. Die Erde wird dazu von 180 Großkreisen in 360 Längengrade geteilt, die auf gleicher geografischer Breite (die Position eines Ortes in Bezug auf den Äquator) jeweils denselben Abstand voneinander haben. Am Äquator ist der Abstand am größten, dort sind zwei Längengrade ca. 111 km voneinander entfernt, an den beiden Polen, wo sich die Großkreise schneiden, ist der Abstand Null. Angegeben wird die geografische Länge in Grad (°), wobei ein Grad wiederum in 60 Bogenminuten ('), eine Bogenminute wiederum in 60 Bogensekunden ('') unterteilt ist.

Diese Großkreise rotieren mit der Erde um die Erdachse, eine ganze Umdrehung dauert also 24 Stunden. Die Rotation der Erde ist der Grund, weshalb die Tierkreissternbilder, weshalb Planeten am Himmel auf- und untergehen. Wer den Nachthimmel einmal über einen längeren Zeitraum beobachtet hat, der wird bemerkt haben, dass sich auch die Sterne um einen virtuellen Mittelpunkt am Himmel zu drehen scheinen – den Himmelsnordpol, in dessen unmittelbarer Nähe der Polarstern liegt. Auch diese Drehung der Sterne ist eine Folge der Erdrotation. Aus der Reihe der 180 Großkreise ist einer für die Astrologie von besonderer Bedeutung: der Großkreis, der durch den Ort geht, für den das Horoskop bestimmt ist. Denkt man sich diesen Großkreis in den Himmel erweitert, entsteht der Orts-Meridian, die sogenannte Mittagslinie. Sie wird so genannt, weil die Sonne diesen gedachten Kreis täglich dann passiert, wenn sie am höchsten steht.

Dabei muss bedacht werden, dass die Sonne, von der Erde aus betrachtet, scheinbar in einer bestimmten Bahn um die Erde kreist. Wir wissen heute, dass nicht die Sonne eine Bahn um die Erde, sondern die Erde eine Bahn um die Sonne beschreibt.

Die Beobachtung von der Erde suggeriert uns aber einen anderen Eindruck.

Meridian und scheinbare Sonnenumlaufbahn, die auch Ekliptik genannt wird, definieren einen Punkt, dem im Horoskop eine wichtige Rolle zukommt, den Medium Coeli (MC). Der Medium Coeli ist als jener Punkt definiert, an dem die Ekliptik den Meridian schneidet, jener Punkt, an dem die Sonne täglich am höchsten steht. Deshalb wird dieser Punkt auch als Himmelsmitte bezeichnet.

Um ein weitverbreitetes Missverständnis zu vermeiden, sei noch erwähnt, dass der Medium Coeli und der Zenit nicht identisch sind. Der Zenit ist jener Punkt, der sich am Himmel genau über dem Beobachter befindet. Nur zu ganz bestimmten Zeiten oder an Orten mit einer bestimmten Breite steht die Sonne an ihrem höchsten Punkt auch im Zenit

Die geografische Breite

Die geographische Breite gibt den Abstand eines Ortes zum Äquator an. Der Nordpol liegt bei 90° nördlicher Breite (bei 0° Länge), der Südpol bei 90° südlicher Breite. Der Großkreis am Äquator hat die Breite 0°. Mit der geografischen Breite und Länge ist die Position eines Ortes auf der Erdkugel eindeutig bestimmt, aus dieser eindeutig definierten Position folgt neben dem Medium Coeli aber noch ein weiteres Element, dass im Horoskop sehr wichtig ist: der Aszendent.

Der Aszendent (AS) ist jener Punkt in der scheinbaren Sonnenumlaufbahn (Ekliptik), der an einem bestimmten Ort zu einer bestimmten Zeit im Osten am Horizont aufgeht. Gemeint ist dabei nicht der Aufgang der Sonne, sondern der Aufgang des Tierkreiszeichens, der an diesem Ort zu einer bestimmten Zeit zu beobachten ist (oder bei Tag zu beobachten wäre). Er ist der wichtigste Punkt im Tierkreis und im Horoskop.

Deshalb mögen Sie verzeihen, wenn in der Folge noch kurz ein weiteres geometrisches Ungetüm beschrieben wird - der wahre

Horizont. Aus der Definition des Aszendenten ergibt sich die Bedeutung des Horizonts, mit dem die genaue Lage des Aszendenten im Tierkreis bestimmt werden kann. Wenn in der Astrologie vom Horizont die Rede ist, dann ist immer der wahre Horizont gemeint. Der wahre Horizont ist eine Kreisebene, die senkrecht auf eine Linie steht, die durch den Erdmittelpunkt und den Ort verläuft. Bildlich gesprochen: Der wahre Horizont schneidet die Erde im Mittelpunkt durch und zwar senkrecht zur Lotlinie, die durch den Ort gelegt wird, für den das Horoskop erstellt werden soll. Liegt der Ort genau auf dem Nordpol, fällt der wahre Horizont mit der Äquatorebene zusammen.

In einem Horoskop stellt sich der wahre Horizont als die Aszendentenlinie dar, jene Linie, die die beiden Kardinalpunkte Aszendent und Deszendent verbindet und durch den Erdmittelpunkt geht.

Als Abschluss zu diesem Kapitel kann festgehalten werden: Die geografische Lage eines Ortes bestimmt die Position des Medium Coeli und des Aszendenten im Tierkreis. Zusammen mit dem Imum Coeli und dem Deszendenten, die ebenfalls aus der Position folgen, bilden sie die vier Kardinalpunkte. Aus der Verbindung dieser Punkte entsteht im Horoskop ein zentrales Kreuz, das die vier Quadranten definiert.

2. Der Tierkreis (Zodiak)

Mit dem Blick auf den Tierkreis wirft der Ratgeber erstmals auch den Blick in die Sterne. Im Horoskop ist der Tierkreis ein wichtiges Messinstrument, aus astronomischer Sicht ist er ein Abbild der Ekliptik. Um seinen Ursprung und seine Funktion besser verstehen zu können, sind deshalb auch in diesem Abschnitt einige astronomische Erläuterungen notwendig. Für diese Erläuterungen empfiehlt es sich, auf bildliche Darstellung zurückzugreifen, die in diesem Ratgeber

leider nicht geboten werden können. Deshalb ein Hinweis: Reich
bebildert sind bspw. die einschlägigen Artikel auf Wikipedia.

Der Tierkreis aus astronomischer Sicht

Die lange Geschichte der Astrologie bringt es mit sich, dass sich in ihr
viele Weisheiten und Einsichten aus alter Zeit tradiert haben. So
arbeitet die Astrologie heute noch mit einem Weltbild, das die
moderne Astronomie längst verworfen hat. Während in der
Astronomie die Sonne im Zentrum unseres Sonnensystems liegt,
steht in der Astrologie die Erde im Mittelpunkt: die Astronomie
arbeitet mit dem heliozentrischen, die Astrologie mit dem
geozentrischen Weltbild. Dieses Beharren auf einem geozentrischen
Weltbild hat der Astrologie viel Kritik von Seiten der modernen
Wissenschaft eingebracht, die dem einen berechtigt, dem anderen
unberechtigt erscheinen mag. Die Astrologie ist und bleibt aber die
Lehre von den Beziehungen zwischen den Himmelskörpern und den
Lebewesen auf Erden, wodurch sich auf natürliche und
selbstverständliche Art ein Fokus, eine Zentrierung auf die Erde
ergibt. Aber die Astrologie verschließt ihre Augen nicht vor den
Erkenntnissen der modernen Astronomie, ganz im Gegenteil: Die
Astronomie hat ihrerseits viel Erkenntnisse der Astrologie
übernommen.

Das heliozentrische Weltbild besagt, dass sich die Erde und alle
anderen Planeten in einer elliptischen Bahn um die Sonne bewegen,
in deren gemeinsamen Brennpunkt nach Keplers erstem
Planetengesetz die Sonne liegt. Die Erde beschreibt also mit ihrer
elliptischen (aber fast kreisrunden) Umlaufbahn um die Sonne eine
Ebene, die Ebene der Erdbahn. Die Erdachse steht aber nicht
senkrecht auf diese Ebene, sie ist zu ihr in einem Winkel von 66°33'
(d.h. 66 Grad und 33 Minuten.) geneigt. Daraus folgt, dass der
Äquator der Erde zur Ebenen der Umlaufbahn eine Neigung von
23°27' aufweist. Dies ist der Grund, weshalb die scheinbare
Umlaufbahn der Sonne um die Erde um 23°27' gegen den
Himmelsäquator (die in den Himmel ausgedehnt gedachte Ebene des

Erdäquators) geneigt ist. Diese scheinbare Umlaufbahn der Sonne wird auch Ekliptik genannt.

Aus der Neigung der Ekliptik ergeben sich zwei Schnittpunkte mit der Ebene des Himmelsäquators, der Frühlings- und der Herbstpunkt, die auch Widder- und Waagepunkt genannt werden. Die Sonne erscheint (auf der Nordhalbkugel) im Frühlingspunkt am 21. März, im Herbstpunkt am 23. September, zwei Tage, die auch als Äquinoktien, als die Tage der Tages- und Nachtgleiche, bekannt sind.

Von der Ekliptik führt nun der Weg zum Tierkreis. Sie ist die Mittellinie, die Basis des Tierkreises. Der gesamte Tierkreis (Zodiak) entsteht, wenn um die Mittellinie der Ekliptik ein rund 20° breiter Gürtel gedacht wird, in dem die scheinbaren Bahnen der Planeten (dazu zählen im geozentrischen Weltbild auch Sonne und Mond) verlaufen.

In diesem Tierkreis erscheint demnach auch die Sonne. Sie durchwandert auf ihrer scheinbaren Umlaufbahn um die Erde im Laufe eines Jahres die zwölf Sternbilder des Tierkreises. Der Lauf der Sonne durch diese Sternbilder des Tierkreises ist zwar nicht gleichmäßig, aber schon in der Antike hat man den Lauf der Sonne in zwölf gleichgroße Abschnitte – die Tierkreiszeichen – eingeteilt. Da ein Kreis 360° hat, beschreibt folglich jedes einzelne Tierkreiszeichen ein Segment von 30°.

Die Namen der Tierkreiszeichen hat man in der Antike von den Sternbildern abgeleitet, in denen die Sonne im Laufe des Jahres erscheint. Genauer muss man sagen, erschienen ist, denn seit der Festlegung der Tierkreiszeichen hat sich das tatsächliche Erscheinen der Sonne in den Sternzeichen verschoben.

Diese Verschiebung verursacht ein physikalisches Phänomen, dass als Präzession bekannt ist. In der Physik steht dieser Begriff für eine Achsverlagerung eines Kreisels. Wirkt auf einen Kreisel eine Kraft nicht senkrecht zur Drehachse, tendiert die Achse dazu, sich zu verlagern. Einfach gesagt: der Kreisel beginnt zu schlingern. Mit diesem physikalischen Modell lässt sich auch eine Schwingung der

Erdachse beschreiben. Sie erinnern sich, dass die Erdachse nicht senkrecht auf die Ebenen der Erdumlaufbahn steht. Die Erde liegt in Relation zur Sonnenumlaufbahn gewissermaßen schräg im All. Die Gravitation der Sonne wirkt deshalb nicht senkrecht auf den Äquatorwulst, wodurch ein Drehmoment entsteht das durch die Gravitation des Mond noch deutlich verstärkt wird. Durch dieses Drehmoment beginnt die Erdachse zu schlingern, sie ‚präzediert'. Bei der großen Masse der Erde ist dieses Schlingern aber sehr langsam und träge. Beschrieben wird diese Schwingung der Erdachse jedenfalls mit Hilfe eines Kegels, dessen Spitze im Erdmittelpunkt liegt. Bis die Erdachse einmal um den kreisförmigen Kegelboden gewandert ist, dauert es 25.700 Jahre.

Die Folgen dieser Präzession sind auch von der Erde aus zu beobachten, allerdings nur über lange Zeiträume. Der Himmelsnordpol, also jener Punkt, an dem die Verlängerung der Erdachse eine gedachte Himmelskugel schneidet, verschiebt sich auf Grund dieser Präzession.

Heute liegt der Nordstern (Ursa minoris) nur rund 0,8° vom Himmelsnordpol entfernt; springen man in das Jahr 14.000 n. Chr., dann wird Wega, der helle Stern im Sternbild Leier, der neue Nordstern sein.

Dieses Schlingern der Erdachse ist der Grund, weshalb sich das Erscheinen der Tierkreissternbilder gegenüber der ursprünglichen Datierung bis zum heutigen Tage um rund einen Monat verspätet (natürlich nur von der Erde aus betrachtet). Als die Griechen um die Zeitenwende die Tierkreiszeichen im Tierkreis festlegten, fiel der Frühlingspunkt, der Schnittpunkt zwischen Ekliptik und Äquator, mit dem Erscheinen der Sonne im Sternbild des Widders zusammen. Deshalb wird das Frühjahrsäquinoktium am 21. März auch als Widderpunkt bezeichnet. Durch die Präzession aber hat sich in den vergangenen zweitausend Jahren der Zeitpunkt, an dem die Sonne im Sternbild des Widders aufgeht verschoben, und zwar auf den 18./19. April. Auch der Umstand, dass heute die Sonne im Tierkreis noch in einem 13. Sternbild auftaucht (das Sternbild Schlangenträger, das von den Griechen auch Äskulap genannt wird) ist auf die Präzession zurückzuführen. Vor rund 2.000 Jahren waren es noch die 12 bekannten Tierkreissternzeichen.

Die Präzession macht es notwendig, von einem tropischen und einem siderischen Tierkreis zu sprechen. Der tropische Tierkreis beginnt am Frühlingspunkt bei 0° Widder und bleibt unverändert. Der siderische Tierkreis bezieht die astronomische Verschiebung mit ein. Die indische Astrologie arbeitet weitgehend mit dem siderischen, die abendländische Astrologie vor allem mit dem tropischen Tierkreis.

Astrologische Grundlagen der Tierkreiszeichen

Aber nun genug der astronomischen Grundlagen. In diesem Abschnitt sollen Sie von der Bedeutung des Tierkreises in der Astrologie erfahren. Der (tropische) Tierkreis bildet die Grundlage des abendländischen Horoskops, er ist gewissermaßen ein Messkreis und darf als ein simplifiziertes Abbild der Ekliptik verstanden werden. Unterteilt ist der Tierkreis in 12 Tierkreiszeichen, die jeweils ein Kreissegment von 30° abdecken.

Diese 12 Tierkreiszeichen des Zodiaks sind im Laufe der Astrologiegeschichte zu den verschiedensten Systemen geordnet worden. Die vier häufigsten sollen hier kurz erwähnt werden. Das einfachste und natürlichste System ist die Ordnung der Tierkreiszeichen nach den Jahreszeiten, in Frühlings-, in Sommer-, Herbst- und Winterzeichen. Verfeinert wird diese Systematik, indem die drei Tierkreiszeichen einer Gruppe unterschieden werden in die Basis einer Jahreszeit, in den stabilen Abschnitt innerhalb und den Übergang zu einer neuen Jahreszeit.

Manchmal werden die 12 Tierkreiszeichen auch nach ihren Qualitäten geordnet, danach ob diese Qualitäten kardinal (grundlegend), fest oder beweglich sind.

Immer wieder findet man auch eine Einteilung, die sich an den chinesischen Ying- und Yang-Prinzipien orientiert. In dieser Ordnung alternieren die 12 Tierkreiszeichen nach den männlichen und weiblichen Archetypen. Es beginnt mit dem Widder als männlichem und dem Stier als weiblichem Zeichen.

Die letzte weitverbreitete Klassifizierung ist die nach den vier Elementen, wie sie die griechischen Naturphilosophen gelehrt haben: Feuer, Erde, Luft, Wasser. Diesen vier Elementen wurden noch in der Antike die vier Temperamente zugeordnet. Das Feuer ist cholerisch, die Erde melancholisch, das Wasser kaltblütig und die Luft sanguinisch.

Jedes vierte Zeichen gehört jeweils zu einer Gruppe, wobei der Widder das erste Feuer-, der Stier das erste Erd-, der Zwilling das Luft- und der Krebs das erste Wasserzeichen ist.

Wie die Tierkreiszeichen im Horoskop in Relation zu den Planeten, Häusern und Aspekten gedeutet werden können, das wird im Abschnitt über die Deutung des Horoskops näher erläutert. Eine übersichtliche Liste mit den Einordnungen der Tierkreiszeichen sei aber hier angeführt:

Der *Widder* wird auch als Aries bezeichnet. Die Sonne steht zwischen 21. März und 20. April im Widder, im Tierkreis liegt er zwischen 0 und 30°.

Einordnungen: Frühling, männlich, kardinal, Feuer, 1. Haus. Der *Stier* wird auch als Taurus bezeichnet. Die Sonne steht zwischen 21. April und 20. Mai im Stier, im Tierkreis liegt er zwischen 30 und 60°.

Einordnungen: Frühling, weiblich, fest, Erde, 2. Haus.

Die *Zwillinge* werden auch als Gemini bezeichnet. Die Sonne steht zwischen 21. Mai und 21. Juni in den Zwillingen, im Tierkreis liegen sie zwischen 60 und 90°.

Einordnungen: Frühling, männlich, beweglich, Luft, 3. Haus.

Der *Krebs* wird auch als Cancer bezeichnet. Die Sonne steht zwischen 22. Juni und 23. Juli im Krebs, im Tierkreis liegt er zwischen 90 und 120°.

Einordnungen: Sommer, weiblich, kardinal, Wasser, 4. Haus.

Der *Löwe* wird auch als Leo bezeichnet. Die Sonne steht zwischen 24. Juli und 23. August im Löwen, im Tierkreis liegt er zwischen 120 und 150°. Einordnungen: Sommer, männlich, fest, Feuer, 5. Haus.

Die *Jungfrau* wird auch als Virgo bezeichnet. Die Sonne steht zwischen 24. August und 23. September in der Jungfrau, im Tierkreis liegt sie zwischen 150 und 180°.

Einordnungen: Sommer, weiblich, beweglich, Erde, 6. Haus.

Die *Waage* wird auch als Libra bezeichnet. Die Sonne steht zwischen 24. September und 23. Oktober in der Waage, im Tierkreis liegt sie zwischen 180 und 210°.

Einordnungen: Herbst, männlich, kardinal, Luft, 7. Haus.

Der *Skorpion* wird auch als Scorpio bezeichnet. Die Sonne steht zwischen 24. Oktober und 22. November im Skorpion, im Tierkreis liegt er zwischen 210 und 240°.

Einordnungen: Herbst, weiblich, fest, Wasser, 8. Haus.

Der *Schütze* wird auch als Sagittarius bezeichnet. Die Sonne steht zwischen 23. November und 21. Dezember im Schützen, im Tierkreis liegt er zwischen 240 und 270°.

Einordnungen: Herbst, männlich, beweglich, Feuer, 9. Haus.

Der *Steinbock* wird auch als Capricornus bezeichnet. Die Sonne steht zwischen 22. Dezember und 20. Januar im Steinbock, im Tierkreis liegt er zwischen 270 und 300°.

Einordnungen: Winter, weiblich, kardinal, Erde, 10. Haus.

Der *Wassermann* wird auch als Aquarius bezeichnet. Die Sonne steht zwischen 21. Januar und 19. Februar im Wassermann, im Tierkreis liegt er zwischen 300 und 330°.

Einordnungen: Winter, männlich, fest, Luft, 11. Haus.

Die *Fische* werden auch als Pisces bezeichnet. Die Sonne steht zwischen 20. Februar und 20. März in den Fischen, im Tierkreis liegen sie zwischen 330 und 360°.

Einordnungen: Winter, weiblich, beweglich, Wasser, 12. Haus.

Resümee:

Der Tierkreis ist eine vereinfachte Abbildung der Ekliptik, im Horoskop dient er als Messkreis. Die zwölf Tierkreiszeichen sind aus den Sternbildern des Tierkreises entstanden, durch welche die Sonne im Laufe eines Jahres auf ihrer scheinbaren Bahn wandert. Die Tierkreiszeichen sind demnach aus den Sternbildern des Tierkreises entstanden, sie dürfen aber nicht mit ihnen gleichgesetzt werden. Sie sind ihre vereinheitlichten Abbilder.

3. Planeten, Gestirne und Fixsterne

Wenn in der Astrologie von den Planten die Rede ist, dann ist zu berücksichtigen, dass der Astrologie ein geozentrisches Weltbild zu Grunde liegt. Daraus folgt, dass neben den aus der Astronomie bekannten auch Sonne und Mond als Planeten verstanden werden. Um begriffliche Klarheit zu schaffen sei gesagt: die klassische Astrologie fasste unter Gestirnen all jene Sterne zusammen, die mit dem freien Auge zu erkennen waren. Unter den Gestirnen wurden wiederum die Planeten, die Wandelsterne, von den Fixsternen unterschieden.

Planeten aus der Sicht der Astronomie

Aus astronomischer Sicht sind Planeten Himmelskörper, die sich in ellipsenförmigen Bahnen um eine Sonne bewegen. Nach dem ersten keplerschen Planetengesetz steht die Sonne in einem Brennpunkt dieser Ellipsen. Astronomisch werden die Planeten in zwei Gruppen eingeteilt, in die inneren und in die äußeren Planeten. Zu den inneren Planeten zählen Merkur und Venus, zu den äußeren Mars, Jupiter, Saturn, Uranus, Neptun und Pluto (wobei dieser seit 2006 von der Internationalen Astronomischen Kommission als Zwergplanet eingestuft wird). Diesen beiden Gruppen lassen sich einige allgemeine Eigenschaften zuschreiben, die sie voneinander unterscheiden. Die inneren Planeten kreisen schneller, die äußeren kreisen langsamer als die Erde um die Sonne. Die inneren Planeten sind verhältnismäßig klein, sie haben eine feste Oberfläche, schwach ausgebildete Atmosphären und sie rotieren relativ langsam. Die äußeren Planeten sind verhältnismäßig groß, haben riesige Atmosphären, eine hohe Rotationsgeschwindigkeit und einen gänzlich andersartigen inneren Aufbau.

Planeten aus der Sicht der Astrologie

In der antiken Astrologie waren sieben Planeten bekannt: Sonne, Mond, Merkur, Venus, Mars, Jupiter und Saturn. Von neuzeitlichen Astrologen ist diese Auflistung um die Planteten Uranus und Neptun erweitert worden, nach der Entdeckung des Pluto kam noch ein 10. Planet hinzu. Jeder der Planeten gilt als Regent in einem der Tierkreiszeichen, dass er mit dem ihm zugeschriebenen Eigenschaften, die dem des Tierkreiszeichens ähnlich sind, beherrscht. Diese Zuschreibungen begannen bereits in babylonischer Zeit und wurden in der klassischen Antike weitestgehend kanonisiert.

Die Länge der Planeten

Die Planetenbahnen liegen annähernd in der Ebene der Erdbahn und somit auch im Tierkreis. Diese Neigung der Planetenbahnen wird als geozentrische Breite angegeben, die je nach Bahnposition zwischen einem Maximum und Minimum pendelt.

Für astrologische Arbeiten weit bedeutender ist die Angabe einer Planetenstellung auf dem Tierkreis in der geozentrischen Länge. Die geozentrische Länge eines Planeten wird astronomisch berechnet, sie ist in einer Gestirnsstands-Tabelle, in den Ephemeriden aufgelistet, denen der tägliche Planetenstand für die Mittagszeit in Greenwich entnommen werden kann. Im 6. Abschnitt werden Sie sehen, wie hilfreich die Ephemeriden bei Erstellen eines Horoskops sind.

Die Planeten bewegen sich mit der Tierkreiszeichenfolge um die Sonne (d.h. sie gehen im Horoskop gegen den Uhrzeigersinn). Dieser Gang der Planeten ist aber, über einen größeren Zeitraum betrachtet, nicht gleichmäßig. Das gilt für die Sonne und den Mond, aber insbesondere für die Planeten, die sogar ihren Lauf in der Reihe der Tierkreiszeichen unterbrechen können. Von der Erde aus beobachtet werden sie manchmal vermeintlich langsamer, kommen zum Stillstand, bewegen sich sogar rückwärts, um dann erneut dem Tierkreis zu folgen. Wie gesagt: Diese Bewegungen der Planeten sind nur scheinbar und ergeben sich lediglich für den Beobachter auf der Erde. Von der Sonne aus betrachtet ziehen die Planeten nahezu gleichmäßig ihre Bahn, die durch die Gravitationskräfte hervorgerufenen Beschleunigungen und Verzögerungen sind minimal.

Sonne, Mond – die ‚Lichter'

Die *Sonne*:

Die Sonne ist in der Astronomie das Zentralgestirn unseres Planetensystems, die Astrologie versteht sie aber als einen der Planeten. Ihr mittlerer Abstand zur Erde beträgt rund 149 Millionen Kilometer, dieser mittlere Abstand ist in der Astronomie eine astronomische Einheit (AE – der exakte Wert beträgt 149.597.870, 691 km). Das Licht braucht von der Sonne zur Erde etwas mehr als 8 Minuten.

Die Sonne durchwandert den Tierkreis in einem Zeitraum von 365 Tagen und 6 Stunden. Umgekehrt ausgedrückt wandert die Sonne im Tierkreis täglich rund 1° weiter. Aber auch das Fortschreiten der Sonne im Tierkreis ist wegen der elliptischen Form der Erdumlaufbahn keine gleichmäßige Bewegung, es schwankt zwischen 0,57° im Sommer und 1,1° im Winter.

Zum Zeitpunkt der Äquinoktien, dem Widder- und dem Waagepunkt ist die Deklination der Sonne 0°, zum Zeitpunkt der Solstitien, der Sonnenwenden, ist die Deklination 23,27°.

In der Astrologie wird die Sonne als grundlegende Lebensenergie verstanden. Ihr astrologisches Geschlecht ist männlich, sie ist Regentin im Zeichen Löwe und verwandt mit dem 5. Haus.

Der *Mond*:

Der Erdtrabant umrundet die Erde in rund 400.000 km Entfernung. Da er in 27,32 Tagen (ein siderischer Monat) nicht nur die Erde umkreist, sondern sich in dieser Zeit auch einmal um sich selbst dreht, ist von der Erde aus stets dieselbe Seite des Mondes zu sehen. Weil sich die Erde in diesem Zeitraum aber auf ihrer Umlaufbahn fortbewegt, ist die Phase zwischen Neu- und Vollmond länger, nämlich um ca. 29,5 Tage (1 synodischer Monat). Der Mond beeinflusst die Gezeiten, er ist mitverantwortlich für die Präzession und sein Zyklus ist die Basis des lunaren Kalendersystems.

Neumond ist, wenn Sonne und Mond in Konjunktion, wenn sie auf der gleichen Länge in der Ekliptik stehen. Zu diesem Zeitpunkt ist die Seite des Mondes, die der Erde zugewandt ist, nicht beleuchtet. Vollmond ist hingegen, wenn sich Sonne und Mond gegenüber, in Opposition stehen.

Mit der im Verhältnis zu Erdumlaufbahn um 5° geneigten Umlaufbahn des Mondes hängen zwei weitere astronomisch und astrologisch wichtige Phänomene zusammen: die Mond- und die Sonnenfinsternis. Wenn Sonne und Mond ungefähr in gleicher Breite stehen, dann entsteht bei Vollmondstellung eine Mond-, bei Neumondstellung eine Sonnenfinsternis. In jener Position verdeckt die Erde den Mond, in dieser der Mond die Sonne.

Im Tierkreis schreitet der Mond täglich zwischen 12° und 15° voran, für einen Durchlauf durch ein Tierkreiszeichen benötigt er demnach zwischen 2 ¼ und 2 ½ Tage. In der Astrologie symbolisiert der Mond unsere weibliche Seite und das Unbewusste. Sein Geschlecht ist weiblich, er regiert im Zeichen des Krebses und ist verwandt mit dem 4. Haus.

Die inneren oder unteren Planeten

Merkur: Merkur ist der Planet, der der Sonne am nächsten kommt. Er umkreist sie in rund 88 Tagen und dreht sich in 59 Stunden um sich selbst. Da er ein innerer Planet ist, entfernt er sich im Tierkreis nicht weiter als 28° von der Sonne. Merkur wird deshalb im Tierkreis oft rückläufig und durchläuft den Tierkreis in ca. einem Jahr. Seine Umlaufbahn ist zu jener der Erde um rund 7° geneigt, Sonne und Merkur stehen ungefähr alle 79 Jahre genau gleichzeitig im selben Tierkreisgrad.

Merkur ist der Planet der Kommunikation und des Verstandes. In der griechischen Mythologie überbrachte er als Gott Hermes die Botschaften der Götter. Bei den Römern hieß er Merkur. Sein Geschlecht ist neutral, er regiert in den Zeichen Zwillinge und Jungfrau. Seine Häuser sind das 3. und das 6.

Venus: Die Venus zieht zwischen Merkur und Erde ihre Bahn, für eine vollständige Umrundung der Sonne benötigt sie rund 225, für einen Rotation um sich selbst 243 Erdentage. Sie ist auch als Abend- und Morgenstern bekannt und leuchtet rund 20 Mal heller als Sirius, der hellste Stern am Nordhimmel.

Von der Erde aus beobachtet, entfernt sich die Venus im Tierkreis nie weiter als 48° von der Sonne, zum Durchwandern des Tierkreises benötigt sie ungefähr die gleiche Zeit wie die Sonne, also 1 Jahr. Die Venusbahn ist zur Erdumlaufbahn um 3° 23' geneigt, alle 8 Jahre stehen Venus und Sonne in den gleichen Tierkreisgraden.

Die Venus symbolisiert Ästhetik, Schönheit und Harmonie. Sie ist weiblichen Geschlechts, regiert in den Zeichen Stier und Waage, ihre Entsprechung ist das 2. und das 7. Haus.

Die äußeren oder oberen Planeten

Mars: Er ist der erste der äußeren Planeten, Staubstürme auf seiner Oberfläche brechen das Licht so, dass er von der Erde aus rot erscheint. Mars umkreist die Sonne in 687 Tagen, er dreht sich in rund einem Erdentag um seine eigene Achse, seine Umlaufbahn liegt annähernd in der gleichen Ebene wie die der Erde (1° 51').

Von der Erde aus gesehen ist seine Umlaufbahn sehr kompliziert, scheinbar steht er manchmal still oder er wird gar rückläufig. Mars steht für Tatkraft und Mut, kein Wunder, wird er doch mit dem griechischen Kriegsgott Ares gleichgesetzt, den die Römer Mars nannten. Sein Geschlecht ist männlich, er ist der Regent des Tierkreiszeichens Widder, als Haus entspricht ihm das 1. Haus.

Jupiter: Er umrundet die Sonnen in ungefähr 4330 Tagen, für eine Rotation um die eigene Achse benötigt er rund 10 h. Er ist der größte aller Planeten (11 Erdendurchmesser), wie die Erde an seinen Polen abgeflacht und nach Sonne, Mond und Venus der hellste der Himmelskörper. Seine Bahn ist zur Erdbahn 1° 18' geneigt.

Jupiter braucht rund 1 Jahr zum Durchlaufen eines Tierkreiszeichens, alljährlich wird er für mehrere Monate rückläufig. Alle 83 Jahre steht er mit der Sonne im gleichen Tierkreisgrad. Jupiter steht für Offenheit und Wachstum, identifiziert wird er mit dem Göttervater Zeus. Er ist männlichen Geschlechts, sein Zeichen ist der Schütze und sein Haus ist das 9.

Saturn: Seine Umlaufzeit um die Sonne beläuft sich auf fast 30 Erdenjahre, seine Rotationszeit beträgt 10 h. Besonders auffällig sind die Nebelringe, die in seiner Äquatorebene liegen. Sein Umlaufbahn ist zu jener der Erde um 2° 29' geneigt, im Weltbild der Antike war er der äußerste Planet.

Saturn durchläuft ein Tierkreiszeichen in ca. 2 ½ Jahren, jedes Jahr wird er einmal rückläufig und zwar um rund 7°. Er steht alle 59 Jahre im selben Tierkreisgrad. In der Alten Welt wurde Saturn auch als großer Übeltäter bezeichnet, heute gilt er als Lehrmeister ohne Gnade. In der antiken römischen Mythologie war Saturnus der Vater des Jupiters, was rund um die Tage vom 17. – 23. Dezember mit dem Fest der Saturnalien begangen wurde. Der Saturn ist männlich, sein Zeichen ist der Steinbock, sein Haus ist das 10.

Die transsaturnischen oder unpersönlichen Planeten

Uranus: Er ist der erste der Planeten, die die Astrologen und Astronomen der Neuzeit entdeckt haben. Sein Entdecker war der Astronom Wilhelm Herschel, der den Uranus im Jahre 1781 zuerst als einen Planeten identifiziert hat. Er umrundet die Sonne in rund 85 Jahren.

Für die Durchquerung eines Tierkreiszeichens braucht er rund 7 Jahre, seine Umlaufbahn neigt sich nur um 0° 46' zu jener der Erde. Uranus und Sonne stehen alle 84 Jahre im selben Tierkreisgrad, auch er wird für einige Monate im Tierkreis rückläufig.

Da Uranus mit dem bloßem Auge nicht mehr zu sehen ist, zählt er zu den drei unpersönlichen Planeten. Ihre Umlaufzeit dauert so lange, dass sie für ein Menschenleben, ja sogar für mehrere Generationen kaum wirksam werden. Ihr Einfluss ist nur im Verbund mit den persönlichen Planeten spürbar. Uranus wurde kurz vor der Französischen Revolution entdeckt, er gilt seither als Symbol für Freiheit und Revolution, als unberechenbar und entscheidungsstark.

Sein Geschlecht ist neutral, sein Zeichen ist der Wassermann, ihm entspricht das 11. Haus.

Neptun: Er wurde noch später als Uranus entdeckt, nämlich im Jahre 1846 von Johann Galle, der den Planeten von Berlin aus das erste Mal beobachtete und nach dem römischen Meeresgott benannt. Er umkreist die Erde in rund 165 Jahren, seine Rotation dauert 16 h. Seine Umlaufbahn um die Sonne ist zu der der Erde um 1° 46' geneigt.

Auch Neptun ist einer der drei unpersönlichen Planeten, seine Entdeckung hat, ähnlich wie die des Uranus, in der Astrologie zu heftigen Diskussionen geführt. Er durchquert ein Tierkreiszeichen in rund 13,5 Jahren, rückt also im Jahr ungefähr 2,3° im Tierkreis vor. Dieses Vorrücken ist allerdings von langen Rückläufen unterbrochen. Neptun steht oft für verdeckte Manipulation, für Empathie und als ,Löser' des Körperlichen. Sein Geschlecht ist männlich, sein Zeichen ist Fische und er entspricht dem 12. Haus.

Pluto: Er ist der äußerste Planet des Sonnensystems, d.h. er war es für die gut sechzig Jahre von seiner Entdeckung bis zu seiner Degradierung durch die IAC. Entdeckt wurde er von Clyde Tombaugh 1930, seit 2006 gilt Pluto nur mehr als Zwergplanet, womit man seinen vielen Besonderheiten Rechnung trug. Die Zeit für einen Sonnenumlauf des Pluto beträgt 248 Jahre, allerdings dreht sich seine elliptische Bahn, weshalb er der Sonne teilweise näher steht als Neptun.

Pluto steht für das Heimliche, das Verborgene, womit seiner langen Zeit der Abwesenheit im astrologischen und astronomischen System Ausdruck verliehen wird. Benannt ist er nach dem antiken Gott der Unterwelt, den die Römer Pluto, die Griechen Hades nannten. Das Geschlecht des Pluto ist männlich, sein Zeichen ist der Skorpion und seine Entsprechung das 8. Haus.

Die Fixsterne

Am Ende dieses Abschnitts muss noch ein Begriff geklärt werden, der oft zu Verwechslungen und Missverständnissen führt: der Begrifft der Fixsterne oder der stellae fixae. Ihre Definition stammt noch aus der Antike und war bis in die frühe Neuzeit anerkannt. Im Weltbild der Antike lagen die Fixsterne außerhalb der Sphäre der Wandelsterne, der Planeten. Mit den damaligen technischen Möglichkeiten der

Sternbeobachtung konnten ihre sehr langsamen internen Bewegungen, die in ihrer riesigen Entfernung von der Erde begründet sind, nicht erkannt werden.

Die Fixsterne drehen sich auf Grund der Rotation der Erde um den Nordstern. Viele der Fixsterne wurden von den Alten zu Sternbildern zusammengefasst, zu denen auch die Sternbilder des Tierkreises gehören.

4. Häuser und Aspekte – der Ort und die Planeten in Relation zum Tierkreis

Die Häuser

Die Tierkreiszeichen teilen den Tierkreis des Horoskop in zwölf gleichgroße Segmente, sie bilden dabei den jährlichen Umlauf der Erde um die Sonne ab. Bisher ist aber – aus astrologischer Sicht – die Tatsache unberücksichtigt geblieben, dass sich die Erde auch um sich selbst dreht. Die Tierkreiszeichen wandern scheinbar über den Himmel, die Planeten sehen wir aufgehen, kulminieren und wieder untergehen.

Diesem 'Wandern' der Tierkreiszeichen und diesem Auf- und Untergehen der Planeten tragen die Häuser Rechnung.

Durch das System der Häuser ist ein Werkzeug gefunden worden, mit dessen Hilfe der Ort der Geburt noch genauer in der Deutung berücksichtigt werden kann. Ein Beispiel soll das Problem eines Horoskops ohne Häuser, also ohne Berücksichtigung der Erdrotation, verdeutlichen: Zwei Personen sind zur selben Zeit geboren, die eine in Berlin, die andere in Los Angeles. Diese beiden Personen stünden im selben Tierkreiszeichen, durch die verschiedenen geografischen

Positionen würde sich im Horoskop aber lediglich die Lage des Aszendenten und des Medium Coeli ändern. Berücksichtigt man die große Entfernung der beiden Orte, könnte es gut sein, dass bei der Geburt der einen Person die Sonne schon am Himmel stand, während sie bei der Geburt der anderen noch nicht aufgegangen war. Ebenso könnte der Jupiter in dem einen Fall bereits über Berlin aufgegangen sein, während in Los Angeles dieses Ereignis noch bevorstand.

Ungeachtet der augenscheinlichen Unterschiede hätten aber beide Planeten in den jeweiligen Horoskopen dieselbe Position eingenommen. Wenn Sie sich daran erinnern: Im Abschnitt über die Planeten haben Sie gehört, dass der Mond sich am schnellsten durch die Tierkreiszeichen bewegt. Aber selbst der Mond braucht für das Durchlaufen eines Tierkreiszeichen 2 ½ Tage. Aus diesem Beispiel wird ersichtlich, dass die ursprünglichen Elemente eines Horoskops einer Ergänzung bedürfen.

Die Lösung dieses alten astrologischen Problems, dessen sich bereits die Griechen bewusst waren, ist das Feldersystem oder das System der Häuser. Dieses System teilt den Tierkreis in mehrere Segmente auf, wobei die Aufteilung bis heute eine der größten Streitfrage der Astrologie geblieben ist. Grundlegend kann man aber zwei Systeme unterscheiden: das äquale und das inäquale Häusersystem.

Äquales Häusersystem

Bis zum heutigen Tag ist das äquale System die beliebteste und die einfachste Art die Häuser eines Horoskops einzuteilen. Wie der Name des Systems bereits verrät, werden die Häuser als gleichmäßige Felder von 30° in das Horoskop eingetragen. Das ergibt 12 Häuser. Mit der Zählung der Häuser wird am Aszendent begonnen und gegen den Uhrzeigersinn fortgefahren. Das Medium Coeli fällt bei diesem System in kein bestimmtes Haus und bildet nur ausnahmsweise die Spitze eines Hauses. Meist liegt der Medium Coeli zwischen dem 8. und 11. Haus (je nach Breite des Geburtsorts)

Inäquale Systeme

Bei den inäqualen Systemen sind nur die gegenüberliegenden Häuser gleich groß. Hauptsächlich werden zwei inäquale Häusersysteme verwendet, jenes des Placidus (lebte im 17. Jh.) und jenes des Regiomontanus (lebte im 15. Jh.). Beide Systeme versuchen ein Problem zu korrigieren: die undefinierbare Lage des Medium Coeli. Ihr Ziel ist es, die Himmelsmitte an die Spitze des 10. Hauses zu setzten. Kritisiert wird an diesen inäqualen Systemen, dass sie sich zu stark auf Europa konzentrieren. Für Orte an den Polregionen liefern die inäqualen Systeme meist keine brauchbaren Ergebnisse.

Die Aspekte

Aspekte (von lat. aspicere – hinsehen, spähen) sind einerseits Verhältnisse zwischen den Planten untereinander und andererseits Verhältnisse der Planeten zu den beiden wichtigsten Kardinalpunkten, dem Aszendenten und dem Medium Coeli. Diese Verhältnisse drücken sich in Winkelbeziehungen aus, gemessen wird der Winkel vom Mittelpunkt des Tierkreises aus. Durch die Aspekte wird ebenfalls versucht, die Präzision eines Horoskops zu verbessern. Sie tragen dem Umstand Rechnung, dass nicht nur die Position der Planeten im Verhältnis zum Tierkreis von Bedeutung ist, sondern auch die Verhältnis die Planeten zueinander und ihr Verhältnis zu den beiden Kardinalpunkten. Salopp formuliert könnte man auch sagen. Es ist wichtig, wo die Planeten ‚hinspähen'.

Auch dieser Teil der Astrologie ist unter den Experten umstritten. Wie genau müssen die Aspekte, die Winkel berechnet werden? Welche Aspekte sind essentiell, welchen sind wichtig und welche müssen nicht berücksichtigt werden? Weitgehend einheitlich ist die Antwort der Astrologen nur bezüglich der Hauptaspekte, weshalb diese hier kurz vorgestellt werden.

Konjunktion: Sie ist der bedeutendste Aspekt. Damit man von einer Konjunktion sprechen kann, müssen zwei oder mehrere Planeten im gleichen Punkt stehen. Mathematisch ausgedrückt: die Winkeldistanz zwischen ihnen ist 0°.

Ein Konjunktion verstärkt den Einfluss der beteiligten Planeten, ungeachtet ob dieser negativ oder positiv ist. Falls ein Planet in seinem Tierkreiszeichen steht, gebührt ihm die Führung. Zwei der bekanntesten Konjunktionen sind:

Die coniunctio aurea, der Königspakt: Jupiter und Saturn stehen zusammen

und

Die coniunctio maxima, die größte Konjunktion: zu den beiden obigen tritt zusätzlich noch der Mars hinzu. Vermutlich war der Stern von Bethlehem eine derartige coniunctio maxima im Tierkreiszeichen Fische.

Opposition: Sie ist der Gegensatz zur Konjunktion, die Winkeldistanz zwischen den beteiligten Planeten beträgt also 180°. Die Opposition ist von ähnlicher Bedeutung wie die Konjunktion und gilt als Spannungsaspekt. Ihr Einfluss muss nicht negativ sein, in den meisten Fällen ist er aber nachteilig.

Das **Quadrat**: Es ist zu den negativen Aspekten zu zählen, birgt aber zugleich einige Chancen. Das Quadrat ist schwierig zu handhaben, seine Winkeldistanz ist 90°

Das **Sextil**: Es kann als eine hilfreiche Paarung, die Gestirne dieses Aspekts können als Freunde angesehen werden. Somit ist es ein Aspekt der Harmonie. Seine Winkeldistanz beträgt 60°.

Das **Trigon**: Es ist in seiner Wirkung dem Sextil vergleichbar, deshalb gilt auch das Trigon als ein Aspekt der Harmonie. Seine Winkeldistanz ist 120° .

Resümee:

Die Häuser und Aspekte verfeinern die Deutungsmöglichkeiten eines Horoskops entscheidend, allerdings ist ihre Systematik bis heute in der Astrologie umstritten. Im letzten Abschnitt, in dem Sie selbst ein Horoskop erstellen werden, wird den Häusern und Aspekte noch einmal einige Aufmerksamkeit gewidmet werden.

5. Die Zeit

Die Zeit ist ein entscheidender Parameter bei der Berechnung und Erstellung eines Horoskops. Wer ein Geburtshoroskop anfertigt, der gibt eine bestimmte Gestirns- und Sternenkonstellationen zu einem bestimmten Zeitpunkt wieder. Aber was ist eigentlich Zeit? In astronomischem Sinn entsteht Zeit durch Bewegung und Lageveränderung der Gestirne zueinander. Dementsprechend kann Zeit vielfältig gemessen werden, je nachdem, auf welchen bewegten Körper sich die Messung bezieht. Die irdische Zeit ist ein Ergebnis aus den Zyklen der Erde, die in Beziehung mit anderen beweglichen oder fixen Punkten des Himmels gesetzt werden. Beim Erstellen eines

Geburtshoroskops werden Sie mit der Sonnenzeit (Normalzeit und Ortszeit) und mit der Sternzeit in Berührung kommen.

Der Kalender

Zunächst aber noch kurz ein Wort zu einer übergeordneten Zeitrechnung, zur Zeitrechnung in Jahren, Monaten, Wochen und Tagen, dem Kalander. Der Kalender war die Basis der frühen Ackerbaukulturen, er ist der Ursprung der heutigen Astrologie. Je nachdem, welcher Erdenzyklus der Einteilung des Jahres zu Grunde gelegt wird, unterscheidet man zwischen Lunar-, Solar- und Lunisolarkalendern.

Der in unseren Breiten und auch weltweit am weitesten verbreitete Kalender ist der Gregorianische Kalender, der Kalenderreform von Paps Gregor XIII. im 16. Jahrhundert entstanden ist. Der Gregorianische Kalender ist ein Solarkalender, d.h. der Kalender richtet sich nach dem Solarjahr, das sich am tropischen Jahr orientiert. Dessen Bezugspunkt ist der Frühlingspunkt.

Die Sonnenzeit

Basis der Orts-, der Normal, und auch der Sommerzeit ist die Sonnenzeit. Da die Erde sich nicht nur um die eigene Achse dreht, sondern gleichzeitig auch ihrer Erdumlaufbahn folgt, unterscheidet sich der wahre Sonnentag, also jener Zeit, die zwischen zwei Kulminationen der Sonne über einem bestimmten Orts-Meridian vergeht, von der Zeit, die die Erde für eine Umdrehung um die eigene Achse braucht. Aber auch der wahre Sonnentag ist auf Grund der elliptischen Umlaufbahn, die die Erde um die Sonne beschreibt, keine konstante Größe. Wir haben diese Rhythmusstörungen in der Bewegung der Sonne im Tierkreis bereits bei den Planeten kurz angesprochen. Daraus folgt, dass der wahre Sonnentag im Laufe eines Jahres zwischen 23 h 59m 39 s und 24 h 0 m 39s variiert.

Der mittlere Sonnentag ist die Zeiteinheit unseres Alltags, die Zeit in und mit der wir leben. Mit dem mittleren Sonnentag hat man eine künstliche, aber unveränderliche Zeiteinheit geschaffen, die als der 365,2422. Teil eines Erdumlaufs um die Sonne definiert wurde. Wie gesagt, eine künstliche Zeiteinheit, aber der Tag hat damit unveränderlich 24h. durch eine **Ortszeit**

Jeder Ort hat eine spezifische Zeit, die nur für ihn (bzw. für alle Orte die auf demselben Längengrad liegen) gilt. Entsprechend der wahren und mittleren Sonnenzeit kann aber auch bei der Ortszeit zwischen wahrer und mittlerer Ortszeit unterschieden werden. Die wahre Ortszeit orientiert sich an dem Zeitpunkt, an dem die Sonne im Orts-Meridian steht. Dieser Zeitpunkt wird als 12 h Mittag definiert. Die wahre Ortszeit ist also für jeden Ort auf demselben Längengrad gleich, egal auf welcher Breite der Ort liegt. Parallel zur mittleren Sonnenzeit entsteht durch einen Zeitausgleich die mittlere Ortszeit.

Normalzeit oder gesetzliche Ortszeit

Doch diese undurchschaubare Vielfalt an Ortszeiten sorgte bereits im 19. Jahrhundert für Verwirrung, die sich mit dem Aufkommen immer schnellerer Verkehrsmittel (besonders der Eisenbahn) noch verstärkte. Deshalb ist man dazu übergegangen, Zonenzeiten zu schaffen, die größere Landstriche zu einer gemeinsamen Zeitzone zusammenfassen. In den meisten Fällen orientiert sich diese Zonenzeit an der mittleren Ortszeit des Bezugsmeridians.

Diese Zonenzeiten werden durch einen gemeinsamen Bezugspunkt geordnet und zu einer Weltzeit zusammengefasst. Der Bezugspunkt ist die Ihnen schon bekannte Stadt Greenwich, jene Stadt, durch die auch der Nullmeridian verläuft. Ihre mittlere Sonnenzeit bzw. ihre mittlere Ortszeit wird als GMT (Greenwich Mean Time) bezeichnet. In einem Abstand von 15° sind von diesem Punkt aus die Bezugsmeridiane für die Zonenzeiten verteilt.

Die Umrechnung von der Normal- zur Ortszeit ist erdenklich einfach. Wenn der Ort östlich vom Bezugsmeridian liegt, so ist die Differenz von Orts- und Normalzeit zur Normalzeit zu addieren. Liegt der Ort westlich, dann ist die Differenz zu subtrahieren.

Als Schlüssel gilt: 1 Grad = 4 Minuten, 15 Grad = 1 Stunde.

Die Sternzeit

Für alle astrologischen und astronomischen Beobachtungen ist die Sternzeit von großer Bedeutung. Insbesondere bei den Berechnungen für das Horoskop werden Sie in den Hilfstabellen immer wieder mit der Sternzeit (siderische Zeit) konfrontiert. Die Sternzeit misst – anders als die mittlere und die wahre Sonnenzeit – die Zeit einer ganzen Erdrotation und wird nach der Kulmination eines Fixsterns bestimmt. Die Zeit zwischen zwei aufeinanderfolgenden Kulminationen eines Fixsterns über demselben Meridian wird Sternentag genannt. Aufgrund der Eigenbewegung der Erde, ihrer Umlaufbahn um die Sonne, dreht sich die Sonne (scheinbar) ein wenig langsamer um die Erde als um die Sterne. Der Sterntag ist also kürzer als der Sonnentag und zwar um ungefähr 4 Minuten (genau beträgt die Länge des Sterntags 23 h, 56' und 4,091''). Wie die Wahre Sonnenzeit ist die Sternzeit eine lokale Zeit: wenn der Frühlingspunkt im Orts-Meridian liegt, ist in der Sternenzeit 0 Uhr. In Abschnitt 6 werden Sie dann sehen, wie die lokale Sternzeit für Greenwich, die in den Ephemeriden zu finden ist, in die lokale Sternzeit des Geburtsortes umgerechnet werden kann.

Resümee:

Die Zeit eines Ortes wird bestimmt vom Bezugspunkt für die Zeiteinheit und von der geografischen Länge des Ortes. Bedingt durch die verschiedenen Eigenbewegungen der Erde variieren die natürlichen Zeiteinheiten aber, sodass im Sinne einer räumlichen und zeitlichen Einheit ‚künstliche' Zeiteinheiten eingeführt wurden: der mittlere Sonnentag, die mittlere Ortszeit, die Zonenzeit. Da beim Erstellen eines Horoskops aber die Sternzeit das Maß ist, wurden diese ‚Zeiten' hier vorgestellt, um Ihnen die allfälligen Korrekturen zu erleichtern.

6. Das Horoskop

Nach einem langen Vorspann kommt der Ratgeber endlich zum Kern jeder Astrologie, dem Horoskop. In der Einleitung wurde es bereits angedeutet – das Horoskop ist das wichtigste Werkzeug der Astrologie. Es ist die Grundlage der Individualastrologie und die Grundlage der meisten Anwendungen der Mundanastrologie. Aber was versteht man eigentlich unter einem Horoskop?

Frei übersetzt heißt Horoskop ‚Stundenschau', abgeleitet vom griechischen Nomen ‚hora', das Stunde bedeutet, und dem Verb ‚skopéin', das mit beobachten übersetzt wird. Mit dem Wort ‚horoskopus' bezeichneten die Griechen zunächst den Aszendenten, jenen Tierkreisgrad, der zu einer bestimmten Zeit am Horizont im Osten aufgeht, aber auch der Sternkundige wurde mit diesem Wort bedacht.

Heute versteht man unter einem Horoskop eine zweidimensionale grafische Darstellung der Gestirnspositionen. Diese Darstellung bezieht sich auf einen bestimmten Zeitpunkt und auf einen bestimmten Ort.

Freilich gibt es in der Astrologie eine kaum überschaubare Zahl von Horoskopen. Die Individualastrologie kennt neben dem Geburtshoroskop noch die Solar-, die Lunar-, die Stunden- und Elektionshoroskope der prognostischen Astrologie und die Partnerschaftshoroskope der vergleichenden Astrologie. Die Mundanastrologie erstellt Horoskope zur Entstehung von Sachen, zur Gründung von Städten und Staaten, von Firmen und Organisationen.

Für ihre Prognosen errechnet sie Jahreshoroskope, Horoskope von Mond- und Sonnenfinsternissen und Horoskope von Planetenverdeckungen.

Diese Auflistung von verschiedenen Horoskopen, die in den beiden Hauptbereichen der Astrologie verwendet werden, soll noch einmal die Bedeutung des Horoskops unterstreichen. Die wichtigste und häufigste Form ist aber zweifellos das Geburts- oder Radixhoroskop. Mit ihm lässt sich das ganze Leben eines Individuums fassen, sein Wesen, seine soziale Einbettung, sein Potential. Verfeinert man das Geburtshoroskop mit den Methoden der Direktion und Progression, kann mit ihm auch in die Zukunft geblickt werden. Die folgenden Erläuterungen beziehen sich deshalb weitgehend auf das Geburtshoroskops.

Das Erstellen eines Horoskops

In Zeiten der Allgegenwart des Internets erstellen Sie sich ein Horoskop am einfachsten, wenn Sie auf eine der im Anhang vorgestellten Internetseiten gehen, Ihre Daten eingeben und Ihr Horoskop online in Auftrag geben. Im Handumdrehen ist Ihr Horoskop fertig und sogar um eine meist knappe Deutung ergänzt. Aber wäre es nicht eine Herausforderung – und nach all der bisher geleisteten Vorarbeit eine Genugtuung – ein Horoskop von eigener Hand zu erstellen?

Auf den nächsten Seiten soll dieser Versuch gewagt werden. Die oben erwähnten und im Anhang vorgestellten Internetseiten sind aber auch für die Handarbeit ganz hilfreich. Insbesondere empfiehlt sich für die Erstellung des Horoskops die Seite ‚astro.com' (Link im Anhang), wo Sie neben den Tabellen der Ephemeriden auch verschiedene Hilfsmittel zur Bestimmung der Zeit und der geografischen Lage eines Ortes finden. Um die Erläuterungen mit Abbildungen zu verdeutlichen, fehlt hier zwar der Platz, es bietet sich aber insbesondere der Wikipedia-Eintrag zum Thema Horoskop an.

Vorgedruckte Tierkreisbögen in verschiedenen Größen finden Sie im einschlägigen Fachhandel, im Netz gibt es auf der Seite ‚Sternwelten.com' (Link im Anhang) unter der Rubrik ‚Horoskopie' kostenlose Horoskopprogramme zum Download.

Aufbau des Horoskops

Drei Kreisringe bilden die Grundstruktur eines Horoskops. Im Zentrum befindet sich die Erde, die als kleiner Kreis dargestellt wird. Diesen Kreis können Sie sich als einen Durchschnitt durch die Erde vorstellen. Der äußere Ring eines Horoskops ist der Tierkreis mit seinen 12 Tierkreiszeichen. Außen um diesen Ring sind meist die astrologischen Häuser angeordnet.

Durch diese beiden Ringe ergibt sich ein mittlerer Ring, in ihm werden die Planeten mit ihren Positionen eingetragen und zueinander in Beziehung gesetzt. Der mittlere Ring ist also auch der Platz der Aspekte.

Während der äußere Kreis in die Tierkreiszeichen unterteilt ist, werden alle drei Ringe von zwei Linien durchschnitten, die durch den Mittelpunkt gehen – die beiden zentralen Achsen des Horoskops, der Horizont und die Mittagslinie.

So finden Sie Aszendenten und Medium Coeli

In einem ersten Schritt gilt es die Position dieser Achsen im Tierkreis zu finden. Bekannt sind Ort und Zeit der Geburt. Mit den Vorkenntnissen aus den Kapiteln über Ort und Zeit müssen diese bekannten Daten so angepasst werden, dass sie den Einheiten entsprechen, die in den Ephemeriden tabellarisch aufgeführt sind. Aus den Ephemeriden kann nämlich die Position des Aszendenten, des Medium Coeli und die der Planeten abgelesen werden.

Zunächst muss die geographische Lage des Orts bestimmt werden. Dazu kann annäherungsweise eine Landkarte dienen, ihre Ungenauigkeit verschiebt aber womöglich den exakten Punkt des Aszendenten, weshalb auf Spezialtabellen zurückgegriffen werden sollte. Länge und Breite eines Ortes sind in den Anhängen zu den Ephemeriden zu finden oder in eigenen Suchmaschinen, wie sie bspw. die Seite ,astro.com' anbietet.

Mit der genauen Ortsangabe können Sie sich nun zur genauen Zeitangabe des Ortes vorarbeiten. In Kapitel 5 haben Sie gehört, dass die Zonenzeit von den Längengraden abhängt und in den meisten Fällen nicht mit der Ortszeit ident ist. In den Ephemeriden sind die Angaben überdies nur nach der Sonnenzeit in Greenwich geordnet. Die bekannte Geburtszeit muss demnach auf die GMT Zeit umgerechnet, falls notwendig noch um den Faktor der Sommerzeit korrigiert werden. Das Ergebnis ist die Geburtszeit in der Einheit der Weltzeit.

Eine weitere Korrektur wird notwendig, da sich die Erde dreht, und zwar in östlicher Richtung, in jeweils 4 Minuten um einen Längengrad. Je nachdem, ob der Geburtsort östlich oder westlich von Greenwich liegt, müssen für jeden Längengrad 4 Minuten addiert (östlich) oder subtrahiert (westlich) werden. War die Geburt bspw. von Frau S. in Heidelberg, am 1. November 11 Uhr MEZ, sieht die Korrektur wie folgt aus: Für die Umrechnung auf die Weltzeit muss eine Stunde abgezogen werden und, da Heidelberg ca. auf dem 9. Längengrad liegt, müssen zur Weltzeit außerdem 9 x 4 Minuten dazugezählt werden. Die Ortszeit der Geburt wäre also 10:36.

Mit diesen Korrekturen ist es leider nicht getan, da in den Ephemeriden alles nach der Sternzeit in Greenwich geordnet ist. Die Sternzeit geht der Weltzeit um 4 Minuten voraus, ist also ein Erdentag vergangen, sind 1 Sterntag und 4 Minuten vergangen. Um endlich die Sternzeit zu erhalten, suchen Sie sich aus den Ephemeriden die Sternzeit über Greenwich für den Tag. Diese zählen Sie dann einfach zur korrigierten Ortszeit hinzu.

Damit sich der bisherige Aufwand auch gelohnt hat, empfiehlt sich noch eine letzte Korrektur. Der Einfachheit halber wird hier nur eine Korrekturfaktor angegeben: 9,8 Sekunden/Stunden GMT. Durch diese letzte Korrektur haben Sie endlich eine Geburtszeit, die exakt genug ist, um die beiden Achsen des Horoskops zu finden.

Medium Coeli und Aszendent lesen Sie mit Hilfe der Sternzeit aus den Ephemeriden ab. Dass der Aszendent von der geografischen Breite eines Ortes abhängt, haben sie im ersten Abschnitt gehört. Aus den Ephemeriden kann mit der Ortssternzeit und unter Berücksichtigung der geografischen Breite des Ortes aus der Spalte Asz. der Aszendent abgelesen werden. Dieser wird als Nullpunkt in das Horoskop übertragen. Die Position des Tierkreises ergibt sich aus der Angabe fürden Aszendenten. Diese ist nicht in absoluten Graden, sondern in Graden eines Tierkreiszeichens angegeben, also bspw. 15° Widder. Der Deszendent befindet sich auf der gegenüberliegenden Seite des Tierkreises, genau 180° weiter. Verbinden Sie diese beiden Punkte, erhalten Sie den Horizont. Es hat sich eingebürgert, dass der Horizont waagrecht steht.

Danach suchen Sie sich den Medium Coeli. Dieser hängt nicht von der geografischen Breite ab und ist einfacher abzulesen. Angegeben ist er wie der Aszendent in Graden eines Tierkreiszeichens. Damit sind die vier Kardinalpunkte und mit ihnen die beiden Hauptachsen des Horoskops bestimmt, ein erster entscheidender Schritt ist getan.

So finden Sie die Häuser

Als nächstes werden üblicherweise die Häuser eingetragen. Sie erinnern sich? Es gibt viele verschiedene Häusersysteme, die allgemein in äquale und inäquale Systeme geschieden werden. Für die häufigsten inäqualen Systeme, die des Regiomontanus und die des Placidus, finden sie in den Ephemeriden die Angaben zum 11. und 12., und die zum 2. und 3. Haus. Der Medium Coeli ist mit der Häuserspitze des 10. Hauses, der Aszendent mit der des 1. ident. Für das einfachste und populärste System, das äuqale, brauchen Sie keine Tabellen. Für dieses System werden die Häuser vom Aszendenten an gegen den Uhrzeigersinn in jeweils 30° große Segmente geteilt. Die Häuser I, IV, VII und X werden dabei üblicherweise mit römischen Ziffern beschriftet, da sie zugleich auch die Spitzen der Quadranten sind.

Die Positionen der Planeten

Damit das Horoskop komplett wird, fehlen Ihnen noch die Planeten. Auch hier helfen wieder die Ephemeriden, nur die Bestimmung der Position des Mondes verlangt nach einer Rechnung. Übrigens: Auch die Position der Sonne sollten Sie genau bestimmen. Zwar ist diese bereits bekannt, da man weiß, in welchem Sternzeichen das Individuum, bspw. Frau S. geboren ist. Denn im Löwen geboren heißt ja nichts anders, als dass bei der Geburt die Sonne im Tierkreiszeichen des Löwen gestanden hat. Aber besonders an den Übergängen der Tierkreiszeichen ist Vorsicht geboten, insbesondere wenn anschließend die Aspekte bestimmt werden sollen. Sie setzen eine bestimmte Genauigkeit voraus.

Über die unterschiedlichen Geschwindigkeiten der Planeten im Tierkreis wurde im vierten Abschnitt bereits gesprochen, sie sind auch sehr schön in den Ephemeriden abzulesen. Die Positionen entnehmen Sie einfach den Ephemeriden und tragen diese mit Symbol und Winkel in das Horoskop ein, üblicherweise am Innenrand des Tierkreises. Die Angabe der Tagesposition ist bei den Planeten genau genug.

Nur der Mond beharrt auf einer Sonderbehandlung. Bei ihm ist die tageweise Angabe in den Ephemeriden zu ungenau, denn der Mond wandert alle zwei Stunden um 1° im Tierkreis weiter. Ausgangspunkt der Korrektur ist die Geburtszeit in der Einheit der Weltzeit, die Sie zu Beginn errechnet haben. Diese Zahl dividieren Sie einfach durch zwei, wodurch Sie die sogenannten Doppelstunden erhalten. Die Doppelstunden sind zugleich die Zahl der Längengrade, die der Mond von Beginn des Geburts-Tages bis zur genauen Geburtszeit zurückgelegt hat. Diese zählen Sie zur Zahl in den Ephemeriden dazu, ist die Zahl größer als 30 wechsel der Mond ins nächste

Tierkreiszeichen. Mit dieser letzten Korrektur haben Sie Ihr erstes Horoskop vollendet!

Die Deutung eines Horoskops

Mit diesem Abschnitt wird ein Bereich betreten, der für viele Menschen die eigentliche Faszination der Astrologie ausmacht. Es stellt sich die Frage, wie aus den Positionen und Stellungen, die ins Horoskop eingetragen wurden, Aussagen über das Wesen, das Potential und die Zukunft eines Lebewesens auf der Erde herausgelesen werden können. Wenn Sie sich an unsere Definition eines Horoskops erinnern: Das Horoskop ist eine zweidimensionale grafische Darstellung einer ,Gestirns- und Sternenkonstellation' zu einem bestimmten Zeitpunkt an einem bestimmten Ort. Um Rückschlüsse über den Einfluss dieser Konstellation auf ein Lebewesen, auf eine Person, ziehen zu können, bedarf das Horoskop also der Deutung.

Mit der Deutungskunst wird aber auch der feste Boden der empirischen Wissenschaften endgültig verlassen und der schwierigste Teil der Astrologie betreten, der viel Erfahrung und viel Übung braucht. Sie kann deshalb im Rahmen dieses Ratgebers nur kurz angerissen werden, denn bei der Deutung eines Horoskops lassen sich kaum allgemeingültigen Methoden und Verfahren angeben. Bei ihr muss auf die lange Tradition der Astrologie zurückgegriffen werden, die jedoch viele Schulen und viele Deutungsarten kennt.

Allgemeingültig kann aber gesagt werden, dass man bspw. den Tierkreiszeichen spezifische Eigenschaften zuspricht, die mit der Jahreszeit verknüpft sind. Den Planeten werden oft Qualitäten zugeschrieben, die schon den Göttern eigen waren, die mit diesen Planeten gleichgesetzt wurden. Zu den alten Traditionen gesellen sich aber auch neue Deutungsmethoden, die in den vergangenen Jahrhunderten entwickelt wurden. Insgesamt herrscht bei der Ausdeutung eines Horoskops also eine bunte, reichhaltige Vielfalt – eine spannende und faszinierende Aufgabe.

Tierkreis und Planeten

Bei aller Vielfalt lassen sich einige Grundregeln erkennen, die an dieser Stelle wiedergegeben werden sollen. Wer später tiefer in diese Vielfalt eintauchen will, der wird in den im Anhang aufgelisteten Internet-Ressourcen einige geeignete Quellen finden. Einigkeit herrscht unter den Astrologen weitgehend über die grundsätzliche Bedeutung von Tierkreiszeichen, Planeten, Aspekten und Häusern. Die Bedeutung des Aszendenten in Verbindung mit dem Sonnenzeichen ist zwar umstritten, aber auch bei Interpretation des AS lassen sich Grundtendenzen erkennen. Einig ist man sich, dass der Aszendenten den grundsätzlichen Wesenszug eines Menschen bestimmt, das Tierkreiszeichen zeigt an, wie dieser Charakter ausgelebt wird. Führt man diesen Gedanken fort, lassen sich die vier Hauptelemente des Horoskops auf eine einfache Formel bringen:

Die Planeten bestimmen das Was, die Tierkreiszeichen das Wie und die Häuser das Wo im Leben. Die Aspekte zeigen an, in welcher Weise sich die Einflüsse zweier oder mehrere Planeten auswirken. Zwei Beispiele mögen dies verdeutlichen. Das Zeichen des Löwen hebt das Beherrschende in einem Planeten hervor, das Zeichen des Widders hin gegen die Aktivität   Die zehn Planeten der Astrologie können als Grundprinzipien und als Potential verstanden werden. Das Tierkreiszeichen einer Person bestimmt (das ist jenes Tierkreiszeichen in dem die Sonne steht), wie sich diese Grundprinzipien der Planeten entfalten, sie verleihen ihnen gewissermaßen eine persönliche Note. Man kann die Interpretation der Planetenpositionen in Relation zu den Tierkreiszeichen auch als Deutung des Temperaments verstehen, wobei den Planeten ein stärkerer Einfluss zukommt als den Tierkreiszeichen.

Im Zuge dieser Interpretation wird zunächst die Position von Sonne und Mond in Bezug auf die Tierkreiszeichen erörtert, danach werden die anderen persönlichen Planeten analysiert, also jene Planeten, die den Aszendenten beherrschen. In einem weiteren Schritt werden schließlich die Herrscher der Tierkreiszeichen gedeutet, in denen Sonne und Mond stehen.

Zur Orientierung Ihrer ersten Deutungsversuche ist hier eine Liste aufgeführt, die die wichtigsten Eigenschaften Tierkreiszeichen zusammenfasst:

Schlüsselwörter zu den Tierkreiszeichen

Widder:
kraftvoll, dominant, aufrichtig, heftig, ungeduldig und egoistisch

Stier:
warmherzig, beharrlich, zuverlässig und bodenständig, schwerfällig

Zwilling:
schlagfertig, intellektuell, scharfsinnig, unruhig und vielseitig

Krebs:
liebevoll, fantasievoll, fürsorglich, formbar, launisch

Löwe:
mitteilsam, großzügig, kreativ, liebevoll, strategisch und herrisch

Jungfrau:
bescheiden, kopfbetont, intellektuell, ordentlich und kritisch

Waage:
elegant, charmant, gesellig, gelassen, leichtgläubig und nachtragend

Skorpion:
intuitiv, leidenschaftlich, ernsthaft, radikal und eifersüchtig

Schütze:
philosophisch, idealistisch, optimistisch, pathetisch und taktlos

Steinbock:
pragmatisch, diszipliniert, beherrscht, ehrgeizig und berechnend

Wassermann:
originell, gelassen, aufrichtig, kreativ und distanziert

Fische:
liebenswürdig, sensibel, biegsam, fantasievoll und weltvergessen

Häuser und Aspekte

Wenn Sie in Ihrer Analyse des Horoskops noch einen Schritt weitergehen wollen, nehmen Sie die Häuser und die Aspekte ins Blickfeld. Sie wissen ja bereits, dass sich mit den Häusern und Aspekten, die Aussagen des Horoskops verfeinern, präzisieren lassen.

Häuser: Für die Deutung eines Horoskops spielen die Häuserpositionen eine sehr wichtige Rolle, denn in den Häusern ist das Leben, sie sind der Ort, an dem sich die wesentlichen Veranlagungen entfalten. Die Häuser können, ähnlich der Tierkreiszeichen, in vier Teilgruppen zusammengefasst werden, in die geistigen, in die seelischen, die persönlichen und die stofflichen Häuser. Das erste Haus ist ein Persönliches, das zweite ein Stoffliches, das dritte ein Geistiges und das vierte ein Seelisches. Diese Reihenfolge kann für alle anderen Häuser fortgeführt werden. Das erste Haus zeigt bspw. an, welches Bild man von sich hat.

Aspekte: Sie verstärken oder schwächen jenen Einfluss, den die Planeten, die an ihnen beteiligt sind, grundsätzlich ausüben. Für eine erste Annäherung eignet sich die Einteilung der Aspekte in harmonische und unharmonische, wie sie schon von den Alten vorgenommen wurde.

Zur Erinnerung seien diese für die fünf Hauptaspekte noch einmal angeführt. Konjunktion, Trigon und Sextil gelten als Aspekte der Harmonie, Opposition und Quadrat gelten als Aspekte der Spannung. Danach werden die Winkel der Planeten zueinander in Beziehung gesetzt. Hierzu noch einmal die Winkeldistanzen der einzelnen

Hauptaspekte:

Konjunktion: 0°

Opposition: 180°

Sextil: 60°

Quadrat: 90°

Trigon: 120°

Nachdem die Winkel festgestellt wurden, muss der Orbis, also die Abweichung der Winkel von den genauen Aspekten, ermittelt werden. Am Ende sind noch die beteiligten Planten zu identifizieren.

Das sind die grundlegenden Probleme, die bei der Deutung der Aspekte zu beachten sind. Wie diese gedeutet werden können, darin gehen die Meinungen weit auseinander. Wenn Sie sich in die genaue Systematik und die Deutung der Aspekte vertiefen wollen, sei Ihnen die Seiten ‚Sternwelten.com' und ‚Astrologix.de' ans Herz gelegt, deren Adressen Sie im Anhang finden.

Am Ende dieses Ratgebers soll eine Möglichkeit des Horoskops angedeutet werden, die buchstäblich in die Zukunft weist – die Prognose.

Um aus einem Horoskop auch Aussagen über die Zukunft ableiten zu können, muss es ‚dynamisiert' werden, es muss der Faktor Zeit eingeführt werden. Grundlage der wichtigsten Prognosetechniken ist aber das Geburtshoroskop. Die Dynamisierung des Horoskops durch Transite, Direktionen, Progressionen, Solare und Lunare, sie verweist auf Techniken, die nur von sehr fortgeschrittenen Astrologen beherrscht werden können.

Autor: KD Witzel

Anhang

Die 7 interessantesten Internet-Ressourcen zum Thema Astrologie

Dieser Anhang ist als Ergänzung zum Hauptband „Die 6 wesentlichen Erkenntnisse der Astrologie" gedacht. Hier werden insgesamt 7 Internetseiten vorgestellt, die es Ihnen ermöglichen sollten, die Kenntnisse, die Sie im Hauptband erworben haben, zu vertiefen.

Natürlich gibt es im Internet heute unzählige Seiten, die sich mit dem Thema Astrologie auseinandersetzten. Bei der Auswahl der Seiten wurde aber darauf geachtet, dass die Seiten eine gewisse Halbwertszeit aufweisen und dass die Informationen und Angebote einen seriösen Hintergrund haben. Auf unterschiedlichem Niveau können Sie so die Erläuterungen des Hauptbandes in neuer Form auffrischen.

Sehr hilfreich sind manche Seiten, wenn Sie die Schilderungen und Erläuterungen der astronomischen Voraussetzungen mit Abbildungen ergänzen wollen. Darüber hinaus können Sie sich auf einigen dieser Seiten mit der Eingabe von wenigen Daten ein Horoskop erstellen lassen. Für den Fall, dass Sie sich selbst an einem Horoskop versuchen wollen, finden Sie auf einigen dieser Seiten jene Tabelle und Hilfsmittel, die im Abschnitt zur Erstellung eines Horoskops vorgestellt wurden.

Wenn Sie in Ihrem Haushalt keine Lexika zur Verfügung haben, ermöglicht im Web-Zeitalter die Seite von Wikipedia eine erste gute Orientierung und Einführung, auf der Sie die Bedeutung einzelner Grundbegriffe noch einmal nachschlagen können. Vor allem für die recht komplexen astronomischen Phänomene und Zusammenhänge, bieten die lexikalischen Artikel eine verständliche Zusammenfassung. Interessant und in dieser Qualität im Netz nicht leicht zu finden sind die bildlichen und grafischen Abbildungen und Darstellungen, die die astronomischen Probleme behandeln.

AstroWiki

Die Seite AstroWiki (http://wiki.astro.com/astrowiki/de/Hauptseite) ist eine gute Ergänzung zu den Wikipedia-Einträgen. Auf dem Laufenden gehalten wird sie von der Seite astro.com. Dort finden Sie auf den ersten Blick eine Auflistung der derzeitigen Position der Planeten, Sie finden ausführliche Artikel zu den Grundbegriffen der Astrologie, die ausführlicher sind als jenen von Wikipedia und detailliert auch auf die Sichtweisen der verschiedenen Schulen eingehen.

Astro.com (www.astro.com/horoskop)

Diese Seite ist eine der meistbesuchten Astroseiten im Web und seit 1996 im Internet präsent. Auf ihr finden Sie einen Zeitzonen-Atlas, der Ihnen die Umrechnung der Zeit vereinfachen sollte. Sehr praktisch ist auch die Suchmaschine, mit deren Hilfe Sie die geografische Lage von mehr als 300.000 Orten auf der Welt abfragen können. Ebenso zu finden sind Ephemeriden-Tabellen für einen Zeitraum von 6.000 Jahren.

Als zusätzlichen Bonus bietet die Seite kostenlose Downloads von Standardwerken und eine kostenlose Horoskoperstellung. Wer eine gründliche, kompakte Zusammenfassung des Grundlagenwissens sucht, ist auf dieser Seite ebenfalls richtig.

Neben diesen Angeboten unterhält die Seite auch ein umfangreiches Forum, in dem Sie Ihre Ansichten und Meinungen mit Gleichgesinnten diskutieren können. Betrieben wird die Seite von der Firma Astrodienst, die 1980 von dem Züricher Alois Treindl gegründet wurde. Er war damals Assistent an der ETA Zürich, wo er eine selbstprogrammierte Astrologie-Software entwickelte, mit der er Horoskope für professionelle Astrologen berechnete.

Sternwelten.net (www.sternwelten.net)

Diese Seite ist die Homepage des Online Astrologie–Magazins Sternwelten. Die Seite widmet sich mit seinen Publikationen neuen, aber auch alten Artikeln, die die Geschichte, die Grundlagen und die wesentlichsten Elemente der Astrologie behandeln. Laufend werden zudem historische und aktuelle Horoskope zu interessanten Persönlichkeiten und Unternehmungen veröffentlicht. Daneben berichtet die Seite über aktuelle astrologische Ereignisse und Neuigkeiten, sie bietet eine Linksammlung, die mehrere hundert Links umfasst und gut sortiert ist, Buchrezensionen von vielen Neuerscheinungen auf dem astrologischen Büchermarkt und schließlich noch wöchentlich einige gute Sprüche zur Astrologie.

Die Seite ist für den Einsteiger durch eine sehr umfangreiche Sammlung von Grundlagenartikeln besonders interessant, die teilweise in Kursform angeboten werden. Die Grundlagen werden von zahlreichen namhaften Astrologen unter verschiedenen Gesichtspunkten beleuchtet, der ‚Horoskopie' ist eine ganze Reihe von Artikeln gewidmet, die die einzelnen Elemente eines Horoskops erörtern. Besonders wertvoll ist auch die Rubrik Online Astrologie, in dem die Angebote vieler Online-Horoskopanbieter genauer unter die Lupe genommen werden.

Astrologie Heute (www.astrologieheute.ch)

Diese Seite ist der Internetauftritt der alle zwei Monate erscheinenden Schweizer Astrologie-Zeitschrift. Diese Zeitschrift wurde 1986 von Claude Weiss gegründet, sie berichtet über alle wesentlichen Richtungen der modernen Astrologie, im deutschsprachigen Raum ist sie die größte astrologische Fachzeitschrift. Hilfreich und interessant ist diese Seite aber auch für

Einsteiger und Fortgeschrittene, da sie über aktuelle astrologische Entwicklungen und Ereignisse unterreichtet. Astrologie Heute arbeitet mit der kommerziellen Seite Astrodata zusammen, auf der Sie ein großes Angebot mit verschiedensten Artikel aus dem Bereich der Astrologie finden.

DAV (www.astrologenverband.de)

Diese Seite ist die Homepage des Deutschen Astrologen Verbandes. Sie stellt Ihnen umfangreiche Suchmöglichkeiten zu Verfügung, über die Sie Kontaktadressen von Astrologie-Zirkeln in Ihrer Nähe, Verzeichnisse von Fernstudienmöglichkeiten und Online Kursen finden. Eine Expertenberatung am Telefon und ein Verzeichnis der vom DAV unterhaltenen Ausbildungszentren runden das Angebot ab. Diese Seite richtet sich also vor allem an jene, die tiefer in die Materie der Astrologie eintauchen wollen.

Astrologix (www.astrologix.de)

Astrologix ist eine nichtkommerzielle Seite mit einem lebendigen Forums- und Chatbetrieb. Die Seite versteht sich selbst als Forum für den freien astrologischen Informationsaustausch. Seit 1996 finden interessierte Laien und Fachleute auf dieser Seite zusammen und pflegen wieder eine rege Kommunikation, nachdem es eine Zeitlang still um diese Seite geworden war.

In ihrem Kern richtet sich die Seite aber an Leute aus dem Fach. Trotzdem können hier auch Einsteiger fündig werden, wenn sie sich die grundlegendsten Kenntnisse angeeignet haben, damit sie sich in dem sehr reichhaltigen Informationsangebot zurechtfinden können.

Sternzeichen.net (sternzeichen.net/astrologie/software/)

Zum Abschluss sei noch eine Seite vorgestellt, die ein kostenloses Astrologie-Programm anbietet, mit dem Sie sehr einfach aber zuverlässig online ein Horoskop berechnen können. Damit Sie leichter abschätzen können, ob diese Seite etwas für Sie ist, hier einige Parameter des Programms:

Nach Placidus werden die Häuser gerechnet, der Ausdruck ist auf das Papierformat A4 optimiert. Für den Zeitraum zwischen 1850 und 2050 liegt die Rechengenauigkeit für Sonne bis Mars bei < 0,1°, für Jupiter bis Neptun bei < 0,5°, für Pluto und Mond bei ~0.5°. Die Planetenberechnung, ihre Elemente und ihre Routinen, sind einem Buch von Michael Erlewine entnommen (Manual of Computer Programming for Astrologers). Die Eingabe der Stunden erfolgt dezimal, mit negativem Vorzeichen für westliche Zeitzonen. Breitenangaben über (+/-) 66° werden auf 66° korrigiert.

Besser Leben

Titel aus dieser Serie

Traumwagen zum Einkaufspreis	ISBN-10:	1502357135
	ISBN-13:	978-1502357137
Der große Astrologie-Ratgeber	ISBN-10:	1502365987
	ISBN-13:	978-1502365989
Der Weg zum Traumjob	ISBN-10:	1502365995
	ISBN-13:	978-1502365996
Der Weg zur Traumfigur	ISBN-10:	1502366002
	ISBN-13:	978-1502366009
First Class fliegen zum Economy-Tarif	ISBN-10:	1502366010
	ISBN-13:	978-1502366016
Privatpatient 1 Klasse zum GKV-Preis	ISBN-10:	1502366037
	ISBN-13:	978-1502366030